Das Naturforscher-Herbarium gehört:

....

arsEdition

Hallo Naturforscher/in!

Hast du dich schon gefragt, was ein Herbarium ist? Man bezeichnet damit eine Sammlung von gepressten und auf Papier geklebten Pflanzen. Ein Herbarium anzulegen, ist eine Möglichkeit, Pflanzen näher kennenzulernen. Dein Herbarium-Buch enthält bis jetzt noch keine gepressten Pflanzen. Doch das kann sich ändern, sobald du die Pflanzenarten, die im Buch vorgestellt werden, draußen in der Natur sammelst, sie flach presst, auf die richtige Seite einklebst und beschriftest. Worauf du beim Pflanzensammeln, Pressen und Einkleben achten solltest, das erfährst du auf den nachfolgenden Seiten.

Möchtest du gleich anfangen? Dann mal los! Viel Spaß dabei!

Inhaltsverzeichnis

Kleine Pflanzenkunde

Auch Pflanzen sind Lebewesen. Aber sie können, im Unterschied zu Tieren, mithilfe von Sonnenlicht ihre Nahrung aus Wasser und Kohlenstoffdioxid, einem Gas in der Luft, selbst herstellen. Ihre grüne Farbe verdanken sie dem Blattfarbstoff Chlorophyll, der ihnen hilft, das Sonnenlicht aufzufangen.

Grünes Blatt: Die Zellen, aus dem es aufgebaut ist, enthalten den Blattfarbstoff Chlorophyll.

Dass die Gestalt (Wuchsform) von Pflanzen ganz unterschiedlich sein kann, ist dir bestimmt schon oft aufgefallen. Aber hast du gewusst, dass einige pflanzliche Organismen wie z. B. Grünalgen als winzige Einzeller im Wasser leben und nur unter dem Mikroskop sichtbar sind, während andere, wie z. B. Mammutbäume, Wuchshöhen bis zu 120 m erreichen können?

Mammutbäume

Grünalge

Pflanzenbestimmung leicht gemacht

In Deutschland leben rund 10 300 Pflanzenarten. Ganz schön viele! Für das Herbarium-Buch haben wir davon einen kleinen Teil ausgewählt. Wie du beim Durchblättern bestimmt schon gemerkt hast, wird jede im Buch vorgestellte Pflanzenart auf einer Seite ausführlich beschrieben.

Nimm das Buch auf deine Ausflüge mit und vergleiche die Pflanzen, die du in der Natur, sei es im Wald, auf der Wiese, im Park oder Garten, gefunden hast, mit den Fotos und Angaben im Buch. Schau dir alle Pflanzenteile genau an und achte auf die beschriebenen Merkmale im Steckbrief!

Möchtest du noch mehr über die Bestandteile der Pflanzen und ihre Bestimmungsmerkmale wissen? Dann siehe im Glossar nach, wo schwierige Wörter, die im nachfolgenden Text vorkommen, mit Hilfe von Zeichnungen einfach erklärt werden.

Wie Pflanzen heißen

Was versteht ein Biologe unter einer »Art«? Es ist die kleinste Bestimmungseinheit im Pflanzenreich. Meistens sehen die Vertreter einer Art fast gleich aus und sie erzeugen gemeinsame fruchtbare Nachkommen. Grob vereinfacht kann man sagen, eine Art ist eine Fortpflanzungsgemeinschaft.

Wissenschaftler haben schon vor Jahrhunderten damit begonnen, die vielen unterschiedlichen Pflanzen nach gemeinsamen Merkmalen zu ordnen und in Gruppen bzw. Einheiten (Taxa) einzuteilen. Jeder Art hat man einen einzigen wissenschaftlichen Namen in lateinischer Sprache zugeordnet, der in allen Ländern der Welt gleich lautet.

Der wissenschaftliche Artname setzt sich aus zwei Teilen zusammen. Vorne (großgeschrieben) steht der Gattungsname, dahinter (kleingeschrieben) die Artbezeichnung:

Deutsche Bezeichnung:
Gänseblümchen

Wissenschaftliche Bezeichnung:

Bellis	perennis
Gattungsname	Artbezeichnung

Eine oder mehrere eng verwandte Arten bilden in der biologischen Systematik eine Gattung. Verwandte Gattungen mit ähnlichen Merkmalen werden zu Familien zusammengefasst. Dazu ein Beispiel: »Eichen« ist der Sammelbegriff für eine Pflanzengattung aus der Familie der Buchengewächse. Die Gattung Eichen (*Quercus*) umfasst 440 Arten. Bei uns in Deutschland kommen unter anderem die Arten Stieleiche (*Quercus robur*) und Traubeneiche (*Quercus petraea*) vor.

Stieleiche

Traubeneiche

Auf den ersten Blick sehen sich beide Arten ähnlich, betrachtet man sie genauer, erkennt man, dass sie sich in mehreren Merkmalen unterscheiden. So sitzen bei der Stieleiche z.B. die Früchte (Eicheln) an langen Stielen, während die der Traubeneiche gehäuft (traubenartig) an ungestielten Fruchtbechern wachsen.

Auffällige Artmerkmale spiegeln sich oft, aber nicht immer in den landessprachlichen Namen wider. In Deutschland nennen wir *Quercus robur* umgangssprachlich »Stieleiche«, in Frankreich heißt sie »Chêne pédonculé«, in England »British Oak«. Wie gut, dass wir uns diese und viele weitere landestypische Namen nicht alle merken müssen und dass es wissenschaftliche Artnamen gibt, die unverwechselbar und überall auf der Welt gültig sind!

Vom Sammeln und Pressen

Drüsiges Springkraut am Wegesrand

Im Frühling oder im Sommer, bei einem Ausflug im Park, im Wald, auf Wiesen, Feldern oder im Garten, kannst du die im Buch vorgestellten Pflanzenarten entdecken. Die Blätter von Laubbäumen lassen sich im Herbst noch sammeln, die der immergrünen Nadelbäume sogar im Winter.

Alle im Buch vorgestellten Pflanzenarten stehen nicht auf der Roten Liste der gefährdeten Arten, sie sind also nicht geschützt. Das heißt, du darfst draußen in der Natur einzelne Exemplare dieser Arten abpflücken.

Von Gräsern und Blumen nimmst du von jeder Art am besten eine ganze Pflanze – samt Stängeln, Blättern und Blüten – von der Wurzel bis zur Spitze mit. Von den Ästen der Bäume zupfst du einzelne Blätter und Blüten ab oder sammelst sie vom Boden auf.

Für den Transport nach Hause steckst du jede Pflanze bzw. bestimmte Pflanzenteile (z. B. die Blätter und Blüten von Bäumen) einzeln in kleine Plastiktüten (Brotzeit- oder Gefriertüten). Damit die Pflanze nicht zu schnell austrocknet, kannst du in die Tüte noch ein Stück feuchte Küchenrolle legen. Vergiss nicht, ein Etikett außen auf jede Tüte zu kleben, auf dem steht, um welche Pflanzenart es sich handelt und wo und wann du sie gefunden hast.

Giftige Pflanzenarten und solche, die du nicht kennst, die aber giftig sein könnten, darfst du nicht essen oder in den Mund nehmen. Die im Buch vorgestellten leicht giftigen Pflanzenarten sind vorsichtshalber mit einem Totenkopf-Symbol ☠ markiert, damit du besonders vorsichtig bist und aufpasst und dir nach dem Pflücken zu Hause die Hände wäschst!

Gut gepresst ist halb gewonnen

Zu Hause müssen die Pflanzen sofort (vor dem Welken!) gepresst werden. Wenn du keine Pflanzenpresse besitzt, bastelst du dir eine. Dazu brauchst du saugfähiges Papier (z. B. Löschpapier, Zeitungspapier, Papierhandtücher, Küchenrolle), ein altes Telefonbuch oder andere schwere, dicke Bücher.

Lege einen Bogen Löschpapier (oder anderes saugfähiges Papier) auf das ausgeklappte Buch und darauf – mit dem Kopf nach unten – die trockene Pflanze (bzw. deren Blätter und Blüten). Achte darauf, dass alle Pflanzenteile nicht übereinanderliegen oder geknickt sind. Bedecke dann das Ganze mit einem zweiten Stück Löschpapier, auf das du vorher den Artnamen, den Fundort und das Datum notiert hast. Nun musst du nur noch das Buch vorsichtig zuklappen und mit einem weiteren schweren Buch beschweren. Wichtig ist, dass von oben ein gleichmäßiger Druck entsteht.

Vom Einkleben & Beschriften

In der Regel dauert es zwei bis vier Wochen, bis eine Pflanze flach gepresst ist. Leider verfärbt sie sich dabei auch ein bisschen. Wenn sie vollständig trocken ist, kannst du sie weiterbearbeiten.

Nimm sie vorsichtig aus der Pflanzenpresse heraus und lege sie auf die passende Seite deines Herbariums, auf die Leerseite, die für das gepresste Exemplar vorgesehen ist. Nun musst du sie dort noch befestigen. Am besten eignet sich dazu eine Rolle gummiertes Papier-Klebeband (weiß), das in dünne Streifen geschnitten wurde. Befestige die Klebestreifen oben am Stängel unterhalb der Blüte und unten am Ende des Stängels. Achte darauf, dass die Klebestreifen die wichtigen Teile der Pflanze nicht bedecken! Und die Beschriftung nicht vergessen!

Zum Schluss noch ein Tipp:

Lass dir Zeit beim Einkleben und Beschriften! Gut Ding will Weile haben!

Stieleiche

(Quercus robur)

Wo:	in Au-, Mischwäldern
Höhe:	20-40 m
Rinde:	graubraun, tief längsrissig
Blatt:	abgerundet gelappt, 10-15 cm lang, kurz gestielt
Blüten:	gelb-grün
Blütezeit:	April/ Mai
Früchte:	Nussfrüchte (Eicheln), bis 3,5 cm lang, zu dritt bis fünft in lang gestielten Fruchtbechern
Fruchtreife:	September/Oktober

Früher wurden Eicheln geröstet und gemahlen auch als Kaffeeersatz verwendet.

Kein Leben ohne Eichen

Für den Blauen Eichen-Zipfelfalter sind Eichen lebenswichtig. Er legt seine Eier ausschließlich an Eichenknospen ab. Im Frühling schlüpfen daraus winzige Raupen, die die Eichenknospen und -blüten, seltener auch Eichenblätter fressen.

Alt und sagenreich

Stieleichen können über 1000 Jahre alt werden. Vielleicht ranken sich deshalb um die Eiche so viele Sagen und Mythen. Die alten Germanen glaubten, dass der erste Mensch aus einer Eiche geboren wurde. Zu Ehren ihrer Götter legten sie heilige Eichenhaine an. Diese durften nur mit besonderer Erlaubnis betreten werden. Es war verboten, die Bäume zu fällen, ihre Zweige abzuknicken oder in ihrer Umgebung Tiere zu jagen. Priester schmückten im Eichenhain die siegreichen Krieger mit Eichenlaubkränzen.

Beiderseits 4-7 rundliche Lappen, bis zur Hälfte der Blattbreite eingebuchtet

Fundort .... Datum ....

Rotbuche

(Fagus sylvatica)

Wo: Laub- und Mischwälder, Parks, Gärten
Höhe: 30-45 m
Rinde: hellgrau, glatt, längsrissig
Blatt: eiförmig, kurze Spitze, 7-10 cm lang, bis 5 cm breit
Blüten: ♂ herabhängend, 3-5 cm lang, ♀ aufrecht stehend
Blütezeit: April/Mai
Früchte: Nussfrüchte, »Bucheckern«, dreikantig, bis 2 cm lang, ☠
Fruchtreife: September

Rohe Bucheckern nicht essen, sie sind leicht giftig und können Bauchschmerzen verursachen.

Buchen bei Gewitter

In einem Sprichwort zum Thema »Gewitter« heißt es: »Vor Eichen sollst du weichen, doch die Buchen musst du suchen.« Tatsächlich sehen Buchen nach Blitzeinschlag gar nicht so stark zerfetzt wie andere Baumarten aus. Das liegt daran, dass der elektrische Strom über die glatte Buchenrinde leichter in den Boden abgeleitet werden kann. Suche aber bei Gewitter niemals Schutz unter Bäumen, sondern besser in einem Gebäude oder Auto!

Buche und Buchstaben

Das Wort »Buchstabe« geht auf die Schriftzeichen (Runen) der Germanen zurück, die in die Rinde oder in das Holz von Buchenästen geritzt wurden. Die Römer stellten aus Buchenholz Schreibtafeln her, die mit rotem Wachs bestrichen waren. In das Wachs ritzten sie Buchstaben und Zeichen.

Die Blattränder
sind leicht gezähnt.

Fundort ....

Datum ....

Weißbirke

(Betula pendula)

Wo:	Mischwälder, Heiden, Moore
Höhe:	15–25 m
Rinde:	weiß, glatt, aufplatzend, abringelnd
Blatt:	4–7 cm lang, dreieckig bis rautenförmig
Blüten:	hängende ♂ und ♀ Kätzchen
Blütezeit:	April/Mai
Früchte:	Nüsschen, dünnhäutig geflügelt
Fruchtreife:	August/September

Birkenblüten werden nur über den Wind bestäubt. Die Pollen können Allergien hervorrufen.

Birkensaft

Birkensaft schmeckt süßlich. Er wird im Frühjahr vor dem Austrieb der Blätter gewonnen. Meist wird ein Ast abgesägt und die austretende Flüssigkeit mit einem Eimer aufgefangen. Birkensaft gilt als entzündungshemmend und entgiftend. Außerdem soll er gegen Hautunreinheiten, Schuppen sowie Haarausfall helfen und die Frühjahrsmüdigkeit vertreiben.

Vielseitige Rinde

Die weiße Rinde der Birke enthält einen Stoff, der sich wie Kreide anfühlt, das sogenannte Betulin. Er reflektiert das Sonnenlicht und sorgt so dafür, dass sich der Baumstamm nicht zu stark aufheizt. Außerdem wirkt er wasserabweisend und schützt vor Tierfraß sowie vor Pilzbefall.

Blatt mit langer Spitze, am Blattrand doppelt gesägt

Fundort ....

Datum ....

Winterlinde

(Tilia cordata)

Wo:	Laubmischwälder, Parks, Gärten, an Straßen
Höhe:	bis 30 m
Rinde:	braungrau, mit flachen Längsfurchen und -leisten
Blatt:	gestielt, im Umriss fast rund, 5-8 cm lang
Blüten:	cremeweiß-gelblich, 5-11 Einzelblüten in Trugdolden hängend
Blütezeit:	Juli
Früchte:	Kapselfrüchte, 5-7 mm lang
Fruchtreife:	September

Feuerwanzen lieben die Früchte von Linden und sind daher häufig am Fuß der Bäume zu finden.

Lindenblüten

Die Blüten der Linde enthalten reichlich Nektar (Blütensaft). Dieser wird vor allem am Abend zwischen 16 und 18 Uhr gebildet. Aus diesem Grund duften Lindenblüten in dieser Zeit besonders intensiv. Die heilsame Wirkung der Lindenblüten war schon den alten Griechen bekannt. Lindenblütentee lindert Beschwerden bei Erkältung oder Grippe.

Tanzlinde in Peesten (Bayern)

Tanzlinden

Bei den Germanen galt die Linde als heiliger Baum. Linden wurden meist in die Ortsmitte gepflanzt, wo sich die Menschen regelmäßig versammelten, um etwas zu besprechen, Gericht zu halten oder Feste zu feiern. Getanzt wurde am Boden unter der Linde oder außerhalb des Astbereiches um sie herum. In einigen Orten baute man in die Baumkrone einen Tanzboden aus Holz, der über Treppen oder Leitern erreichbar war.

Blatt mit kurzer Spitze, am Stiel herzförmig eingeschnitten

Fundort .... Datum ....

Spitzahorn

(Acer platanoides)

Wo:	Laubmischwälder, Hecken, Gärten, Parks
Höhe:	20–30 m
Rinde:	graubraun, längsrissig
Blatt:	fünflappig, lang gestielt, bis 18 cm lang
Blüten:	gelbgrün, in aufrechten Schirmtrauben
Blütezeit:	April/Mai
Früchte:	Spaltfrüchte, »Schraubenflieger«
Fruchtreife:	September/Oktober

Die Ahornblüten erscheinen vor den Blättern.

Ahornsirup

Von Ende Februar bis April transportieren die Ahornbäume Wasser und Nährstoffe bis zu den Knospen. Wenn man den Stamm anbohrt, kann man diesen Baumsaft anzapfen und einen Teil entnehmen, ohne dem Baum zu schaden. Durch Kochen lässt sich der Ahornsaft nach und nach eindicken. So entsteht Ahornsirup, der zu 60 % aus Zucker besteht.

Schraubenflieger

Die Spaltfrüchte des Ahorns bestehen aus zwei geflügelten Nüsschen, die paarweise und stumpfwinklig angeordnet sind. Oft bleiben sie bis zum Frühjahr am Baum hängen. Wenn sie abfallen, drehen sie sich wie ein Propeller mit 16 Umdrehungen pro Sekunde um die eigene Achse, erzeugen so einen Auftrieb und bleiben damit länger oben in der Luft. Auf diese Weise kann der Wind die Samen bis zu 100 m weit vom Mutterbaum verbreiten.

Die Blattlappen sind lang zugespitzt.

Fundort ....

Datum ....

Gemeine Hasel

(Corylus avellana)

Wo:	lichte Wälder, Hecken, Gärten, Plantagen
Höhe:	bis 6 m
Rinde:	glatt, glänzend, graubraun
Blatt:	7-13 cm lang, rundlich, verkehrt eiförmig
Blüten:	♂ Kätzchen hängend, ♀ unscheinbar
Blütezeit:	Februar/März
Früchte:	Nussfrüchte
Fruchtreife:	September/Oktober

Männliche Hasel-Kätzchen im Vorfrühling.

Glücksbringer und Friedenszeichen

Für die alten Römer war die Hasel ein Friedenszeichen. Wer bei Waffenstillstandsverhandlungen seine friedlichen Absichten zeigen wollte, hatte einen Haselzweig in der Hand. Im Märchen wehrt der Haselstrauch Schlangen und Hexen ab und bringt Glück. Der Haselzweig, den Aschenputtel auf das Grab ihrer Mutter pflanzt, erfüllt ihm seine Wünsche (Ballkleider).

Lecker und gesund

Haselnüsse haben eine harte Schale und einen schmackhaften Kern, der wertvolle Nährstoffe enthält. Nicht nur wir Menschen, auch Eichhörnchen lieben Haselnüsse. Im Herbst vergraben sie sie in der Erde als Vorrat für den Winter. Dabei sorgen sie für die Verbreitung der Samen. Denn die Nüsse, die die Eichhörnchen in der Erde vergessen haben, können nun auskeimen und zu neuen Haselsträuchern heranwachsen.

Das Blatt ist doppelt gesägt mit kurzer Spitze.

Fundort ....

Datum ....

Gemeine Rosskastanie

(*Aesculus hippocastanum*)

Wo:	Parks, Gärten, an Straßen
Höhe:	bis 30 m
Rinde:	rötlich bis graubraun, mit grobrissigen Platten
Blatt:	handförmig, lang gestielt, 10–20 cm lang
Blüten:	aufrecht stehende Rispen (»Kerzen«)
Blütezeit:	April/Juni
Früchte:	Kapselfrüchte, ☠
Fruchtreife:	September/Oktober

Pferdefutter

Die Rosskastanie stammt ursprünglich von der Balkanhalbinsel im Südosten Europas. Ihre Frucht, eine kugelige grüne Stachelkapsel, ist 5–7 cm groß und enthält 1–3 glänzend rötlichbraune Samen (Kastanien.) Weil diese für Menschen leicht giftig sind und in der Türkei an Pferde verfüttert wurden, nannte man den Baum »Rosskastanie«.

Bienen-Ampel

Die Blütenkerzen werden bis zu 30 cm hoch. Wenn die Einzelblüten von Bienen und Hummeln noch nicht besucht wurden, weisen sie einen gelben Fleck, das Saftmal, auf. Seine Farbe zeigt den Insekten, dass es hier noch Nektar (Blütensaft) zu holen gibt. Ist die Blüte bestäubt, wird kein Nektar mehr hergestellt. Nun ändert sich die Farbe des Flecks von gelb zu orange bzw. rot. Rot wird von Bienen nicht wahrgenommen, deshalb fliegen sie bestäubte Kastanienblüten mit roten Saftmalen auch nicht an.

5-7 Fiederblättchen, doppelt gesägt, die mittleren größer als die randständigen

Fundort ....

Datum ....

Silberweide

(Salix alba)

Wo:	Auwälder, an Bachufern, Seen
Höhe:	bis 35 m
Rinde:	gräulich, tief gefurcht
Blatt:	5-12 cm lang, schmal lanzettlich, silbrig glänzend
Blüten:	Kätzchen, 3-6 cm lang, ♂ gelb, ♀ grünlich-wolligweiß
Blütezeit:	April/Mai
Früchte:	Kapselfrüchte mit Haarfliegern
Fruchtreife:	Juni/Juli

Die aufrecht stehenden männlichen Kätzchen erscheinen zusammen mit den Blättern. Jede Silberweide hat entweder nur weibliche oder nur männliche Blüten.

Kopfweiden

Schneidet man die Weidenzweige regelmäßig bis fast zum Stamm zurück, entstehen sogenannte Kopfweiden. Im Nebel sehen sie unheimlich aus, wie ein dicker Kopf mit wild abstehendem Haar. Früher glaubte man, dass man durch Verknotung von drei Weidenzweigen Krankheiten auf diesen Baum übertragen und dadurch gesund werden konnte.

Nützlich im Alltag

Aus den biegsamen Weidenzweigen lassen sich Körbe flechten, das Holz wird für die Herstellung von Spanschachteln, Holzwolle oder Zahnstochern genutzt. Weidenrinde enthält das schmerzlindernde und fiebersenkende Salicin. Im menschlichen Körper hat es dieselbe Wirkung wie eine Aspirintablette, die künstlich hergestellte Salicylsäure enthält.

Die Blätter sind auf der
Unterseite weißlich behaart.

Fundort ....

Datum ....

Gewöhnliche Robinie

(*Robinia pseudoacacia*) ☠

Wo:	Parks, Gärten, Mischwälder
Höhe:	12–30 m
Rinde:	graubraun, tief gefurcht, netzig-längsrissig
Blatt:	unpaarig gefiedert, 15–30 cm lang
Blüten:	10–25 Einzelblüten in hängenden Trauben
Blütezeit:	Mai/Juni
Früchte:	Hülsenfrüchte
Fruchtreife:	September

Duftend und giftig

Die weißen Robinienblüten duften stark nach Bergamotte und werden zur Parfümherstellung verwendet. Die ganze Pflanze ist aber (auch für Tiere!) giftig, vor allem die Rinde und die Hülsenfrüchte. Hunde sollten nicht an Robinienästen nagen!

Aus der Heimat Amerikas

Die Robinie stammt ursprünglich aus Nordamerika. Die dort lebenden indigenen Völker schnitzten aus Robinienholz Pfeile und Bögen, die Wurzel nutzten sie als Abführmittel und bei Zahnschmerzen. Bei uns wird die Robinie als Zierbaum und »Bienenweide« angepflanzt. Ihr Holz eignet sich zur Herstellung von Bahnschwellen, Blumenkästen und Gartenmöbeln.

Ein Blatt besteht aus 9 bis 19 Einzelblättchen. Die Nebenblätter sind bei Jungsprossen zu Dornen umgebildet.

Fundort .... Datum ....

Eberesche

(Sorbus aucuparia)

Wo:	Lichtungen, Brachen, Waldränder, Hecken, Parks, Gärten
Höhe:	15-25 m
Rinde:	mattgrau, feinrissig
Blatt:	unpaarig gefiedert
Blüten:	1 cm breit, weiß, in schirmförmigen Rispen
Blütezeit:	Mai/Juli
Früchte:	Sammelbalgfrüchte (»Vogelbeeren«) in Büscheln
Fruchtreife:	August/September

Vogelbeeren gelten als giftig, sind es aber nicht! Man kann sie zur Herstellung von Marmelade nutzen. Roh schmecken sie sehr bitter, gekocht säuerlich.

Vogelbeeren

Die Früchte der Eberesche bleiben bis in den Winter am Baum hängen. Vögel finden sie so lecker, dass man sie früher als Lockmittel für den Vogelfang nutzte. Aus diesem Grund wird der Baum auch »Vogelbeere« genannt.

Ziegenschmaus

Bei den alten Germanen galt die Eberesche als glücksbringender Baum. Sie war dem Donnergott Donar geweiht. Dessen Lieblingstier, die Ziege, soll das Laub von Ebereschen gern gefressen haben. Nach einem irischen Sprichwort ist die Eberesche ein Schutzbaum gegen Blitzschlag und Hexenzauber.

Das Blatt besteht aus 9 bis 19 länglich-elliptischen Einzelblättchen.

Fundort .... Datum ....

Schwarzerle

(Alnus glutinosa)

Wo:	Au- und Mischwälder
Höhe:	30–40 m
Rinde:	grau-schwarzbraun, rissig, schuppig
Blatt:	4–9 cm lang, gestielt, verkehrt eiförmig bis rundlich
Blüten:	gestielt, ♂ Kätzchen 5–10 cm, ♀ 0,5 cm lang
Blütezeit:	Februar/März
Früchte:	zapfenförmige Nussfrüchte
Fruchtreife:	September/Oktober

Lecker und gesund

Männliche und weibliche Blütenstände werden schon im Vorjahr angelegt. Die Bestäubung durch den Wind erfolgt im Frühjahr. Die reifen Erlenzapfen bleiben den Winter über am Baum hängen. Die in ihnen enthaltenen 1–2 mm großen Nussfrüchte fallen im Herbst, Winter und Frühjahr aus den Zapfen. Sie werden vom Wind verweht oder fallen ins Wasser, wo sie mit der Strömung verbreitet werden. Auf der Wasseroberfläche schwimmen sie mithilfe von korkigen, luftgefüllten Auswüchsen.

Wurzeln unter Wasser

Die Schwarzerle kann auch in der Nässe stehen und deshalb an Flüssen oder in Mooren wachsen. Das verdankt sie der mit großen Öffnungen ausgestatteten Rinde sowie Luftkanälen im Holz, die die Luft bis zu den unter Wasser stehenden Wurzeln leiten. Im Wurzelbereich gibt es Wurzelknöllchen, in denen winzige Bakterien leben. Diese helfen, den lebensnotwenigen Stickstoff aus der Luft zu binden und ihn so zu verändern, dass er direkt aufgenommen werden kann.

Der Blattrand ist doppelt gesägt.

Fundort ....

Datum ....

Deutsches Weidelgras

(Lolium perenne)

Wo:	Wiesen, Weiden, Rasen, an Wegrändern
Höhe:	30-70 cm
Blatt:	2-4 mm breit, bis 20 cm lang
Blüten:	Ährchen aus 2-10 Blüten
Blütezeit:	Mai/Oktober
Früchte:	Karyopse
Fruchtreife:	August/Oktober

Süßgräser

Wie bei fast allen Süßgräsern sind auch die Stängel des Weidelgrases hohl, rund und durch feste Knoten gegliedert. Beim Deutschen Weidelgras sind die Blätter oben rau, auf der Unterseite glatt und mit einem deutlichen Kiel in der Mitte. Die Blüten sind in Form von einer Ähre angeordnet. Der Ährenteil des Halmes ist bis zu 30 Zentimeter lang. Im Blütenbereich ist der Stängel s-förmig geschlängelt. In jeder Ausbuchtung befindet sich ein Ährchen.

Kräftig und belastbar

Das Deutsche Weidelgras wird auch »Dinkelspelze«, »Ausdauernder Lolch« oder »Dauer-Lolch« genannt. Es ist kräftig, sehr stark belastbar, wächst rasch und verträgt häufigen Schnitt. Aus diesem Grund gilt es als das wichtigste Gras für stark beanspruchte Rasen wie z. B. auf Sportplätzen.

Jedes Ährchen besteht aus 2 bis 20 Einzelblütchen.

Fundort ....

Datum ....

Wiesen-Rispengras

(Poa pratensis)

Wo:	Wiesen, auf Almen, an Wegrändern
Höhe:	20-60 cm
Blatt:	bis 5 mm breit
Blüten:	Rispe mit 4-6 mm langen Ährchen
Blütezeit:	Mai/Juli
Früchte:	Karyopse
Fruchtreife:	August/September

Vorsicht, Heuschnupfen!

Von der unteren Achsenstufe der Rispe aus gehen 3–5 Seitenäste ab. Die einzelnen Ährchen sind 2-5-blütig. Da das Wiesen-Rispengras fast überall wächst, zählt es im Sommer während der Blütezeit zu den Hauptverursachern von Heuschnupfen.

Prima Viehfutter

Wiesen-Rispengras wird gern von Kühen gefressen und deshalb vor allem auf Weiden ausgesät. Da es winterhart ist, wächst es auch in höheren Lagen auf Almen. Die Blütenrispen sind oft leicht violett.

Die Blattspitze bildet von der Seite betrachtet eine kleine Kapuze.

Fundort ....

Datum ....

Große Brennnessel

(*Urtica dioica*)

Wo:	Auwälder, Waldränder, verwilderte Gärten
Höhe:	30-300 cm
Rinde:	herzförmig zugespitzt, gesägt
Blüten:	grünlich, bilden eine Rispe
Blütezeit:	Juli/Oktober
Früchte:	Nussfrüchte
Fruchtreife:	September/Oktober

Raupenfutter

Die Große Brennnessel ist Raupenfutterpflanze von zahlreichen Schmetterlingsarten. Die Raupe des Tagpfauenauges ernährt sich ausschließlich von Brennnesseln.

Vorsicht Brennhaare!

Alle Blätter und Stängel sind mit Brenn- und Borstenhaaren besetzt. Die Brennhaare tragen an der Spitze ein seitwärts gerichtetes Köpfchen, das leicht abbricht, vor allem, wenn man von oben nach unten darüberstreift. An der Abbruchstelle bleibt eine harte Spitze zurück, die wie eine Minispritze in die Haut sticht. Gleichzeitig fließt aus dem unteren Teil des Brennhaars eine Flüssigkeit, die u. a. Ameisensäure enthält, in die Wunde und verursacht einen brennenden Schmerz. Beim Abpflücken daher am besten Handschuhe tragen!

Der Blattstiel ist weniger als ein Drittel so lang wie das Blatt selbst.

Fundort .... Datum ....

Weiße Taubnessel

(Lamium album)

Wo: Gärten, Weg- und Wiesenränder, an Hecken, auf Schuttplätzen
Höhe: 20–70 cm
Blatt: herzförmig eiförmig, am Rand grob gezähnt
Blüten: weiß, 20–25 mm lang, zweilippig
Blütezeit: April/Oktober
Früchte: Spaltfrucht

Bienenweide

Die weiße Blüte ist zweilippig, wobei die Oberlippe behaart ist. Sie duftet nach Honig und lockt Bienen und vor allem Hummeln an. Diese nutzen die untere Lippe als Anflugplatz, um mit ihrem Rüssel den tief liegenden Nektar zu erreichen.

Lippenblütler

Neben der Weißen Taubnessel (*Lamium album*) gibt es viele weitere Taubnesselarten wie z. B. die Gefleckte Taubnessel (*Lamium maculatum*). Die Blüten aller Taubnesselarten ähneln in ihrer Form einem weit aufgerissenen Schlund. Der Gattungsname »Lamium« ist vom griechischen Wort »lairnos« (Rachen, Mund) abgeleitet. Eine ähnliche Blütenform haben andere Vertreter der Familie Lippenblütler (Lamiaceae), wie z. B. der Wiesensalbei.

Die Blätter sind beid-
seitig behaart, aber
ohne Brennhaare.

Fundort .... Datum ....

Buschwindröschen

(Anemone nemorosa) ☠

Wo:	Laubwälder, Parks
Höhe:	10–30 cm
Blatt:	zwei- bis dreispaltig, grob gezähnt
Blüten:	Einzelblüte aus sechs Blütenblättern
Blütezeit:	März/April
Früchte:	Nüsschen (Sammelfrucht)
Fruchtreife:	Mai

Buschwindröschen sind wunderschön, doch alle Pflanzenteile sind giftig! Vielleicht wurde die Pflanze aus diesem Grund auch in einigen Gegenden »Hexenblume« genannt.

Götterstreit

Der lateinische Name des Buschwindröschens beginnt mit »Anemone«, abgeleitet von »anemos«, dem griechischen Wort für Wind. In der griechischen Sagenwelt war Anemona eine junge Göttin (Nymphe) am Hof von Flora, der Göttin der Blüte. Floras Gatte Zephyr, der Gott des Windes, verliebte sich in Anemona. Das gefiel Flora aber gar nicht! Aus Eifersucht verwandelte sie Anemona in eine Blume, die Anemone.

Frühlingsbote

Das Buschwindröschen blüht, wenn die Blätter der Laubbäume und -sträucher noch nicht ausgebildet sind und viel Licht auf den Waldboden fällt. Doch schon Ende Mai sind alle Samen verstreut und die Blätter und Blüten wieder verschwunden. Die von den Blättern gebildeten Nährstoffe werden im unterirdischen Wurzelstock gespeichert. Sie helfen der Pflanze, im nächsten Frühjahr wieder auszutreiben.

Von einem Punkt am Stängel gehen drei gestielte Blätter ab.

Fundort .... Datum ....

Gänseblümchen

(Bellis perennis)

Wo:	Weiden, Rasen, Parks, Gärten
Höhe:	4–20 cm
Blatt:	spatelförmig bis verkehrt eiförmig
Blüten:	Korb
Blütezeit:	März/November
Früchte:	Achäne

Der Name Gänseblümchen stammt wohl daher, dass die Blume früher häufig auf Gänseweiden wuchs.

Er liebt mich, er liebt mich nicht …

Kennst du das Blüten-Orakel? Sie liebt mich, sie liebt mich nicht… Rund um die kleine Blume haben sich seltsame Bräuche entwickelt. Wer die ersten drei Gänseblümchen im Frühjahr isst, soll angeblich im restlichen Jahr von Zahnschmerzen, Augenbeschwerden und Fieber befreit sein. Und wer bei der Arbeit Erfolg haben will, muss einfach getrocknete Gänseblümchen mit sich tragen, die am Johannistag (24.6.) mittags zwischen 12 und 13 Uhr gepflückt wurden.

Blütenkorb

Auf jedem Stängel sitzt ein Blütenkorb. In seinem Innern befinden sich 75 bis 125 gelbe Röhrenblütchen, außen sind weiße Zungenblüten in zwei Reihen angeordnet. Nachts und bei kühlem Wetter schließen sich die Blütenkörbchen.

Die am Blattrand gekerbten Blätter wachsen in einer dichten Blattrosette.

Fundort .... Datum ....

Kriechender Hahnenfuß

(Ranunculus repens)

Wo:	Wiesen, Äcker, Brachen, Wegränder
Höhe:	10–50 cm
Blatt:	dreizählig gefiedert
Blüten:	gelb, 2–3 cm breit, 5 Blüten- und 5 Kelchblätter
Blütezeit:	Mai/September
Früchte:	Nüsschen

Für Insekten, wie z. B. für den Hauhechelbläuling, sind die nektarhaltigen Blüten eine wichtige Nahrungsquelle.

Tiefwurzler

Der Kriechende Hahnenfuß besitzt kräftige, bis zu 50 cm tiefe Wurzeln. Seine oberirdisch kriechenden Ausläufer verbreiten sich in alle Richtungen und bilden an den Knoten der Blattbasis neue Wurzeln aus. Bei Gärtnern und Bauern gilt die Pflanze deshalb als ein lästiges Unkraut, das nur schwer zu entfernen ist.

Butterblume

Die Blätter und Blüten der »Butterblume«, wie der Kriechende Hahnenfuß auch genannt wird, sind schwach giftig. Deshalb werden sie von Kühen nicht gefressen. Im trockenen Heu verlieren sie aber ihre Giftigkeit.

Gestielte, dreizählige Blätter mit dreispaltigen Fiedern, an den Rändern gezähnt

Fundort ....

Datum ....

Wald-Vergissmeinnicht

(Myosotis sylvatica)

Wo:	Waldlichtungen, Wegränder, Gärten
Höhe:	15–45 cm
Blatt:	breit lanzettlich, kurz behaart
Blüten:	Scheinrispe aus hellblauen Einzelblütchen
Blütezeit:	Mai/Juli
Früchte:	Klausenfrucht

Im Blüteneingang sind fünf gelbe Schlundschuppen erkennbar. Sie wirken als Saftmale und zeigen den blütenbesuchenden Insekten den Weg zum Nektar.

Albumvers

Freundlich blüht an stiller Quelle
in des Mondes Silberlicht
eine Blume, zart und helle,
und die heißt Vergissmeinnicht.

Blumensprache

Der Legende nach konnte sich das blaublütige Pflänzchen nach der Erschaffung der Welt seinen Namen nicht merken. Daraufhin soll Gott es »Vergissmeinnicht« getauft haben. In Berlin hat man früher den Kunden, die es versäumt haben, rechtzeitig ihre Rechnungen zu bezahlen, ein Vergissmeinnichtpflänzchen geschickt. Verliebte Pärchen schenken es einander, um damit ihre Liebe und Treue zu zeigen.

Die Blüten sind zuerst violett, dann blau, zu 7–25 in einer Scheinrispe stehend.

Fundort .... Datum ....

Klatschmohn

(*Papaver rhoeas*) ☠

Wo:	Getreidefelder, Wegränder, Schuttflächen
Höhe:	30–150 cm
Rinde:	lanzettlich, doppelt behaart
Blüten:	vier rote Kronblätter
Blütezeit:	Mai/Juli
Früchte:	Kapselfrucht

Schön, aber giftig

Beim Öffnen der Blütenknospen fallen die beiden behaarten grünen Kelchblätter ab und die zusammengeknautschte rote Blüte entfaltet sich. Sie blüht aber nur 2–3 Tage. Im unteren Bereich der vier roten Kronblätter liegt ein großer, schwarzer, oft weiß umrandeter Fleck. Der Blütenstiel weist abstehende Haare auf. Alle Pflanzenteile des Klatschmohns sind leicht giftig, vor allem der Milchsaft im Stängel.

Mohnsamen

Die Kapselfrucht des Klatschmohns ist 10–22 mm lang und dick eiförmig. Sie enthält einige hundert runde, dunkle Samen mit einem Durchmesser von bis zu 1 mm. Die ölhaltigen, nussig riechenden Samen des Schlafmohns (*Papaver somniferum*) werden als Lebensmittel vor allem für Mohnbrötchen oder Mohnkuchen verwendet.

Der Blattrand ist
grob eingeschnitten
oder scharf gesägt.

Fundort .... Datum ....

Stinkender Storchschnabel

(Geranium robertianum)

Wo:	Unkrautflure, Geröllhalden, Wälder
Höhe:	20-50 cm
Blatt:	handförmig, drei- bis fünfteilig, doppelt fiederspaltig
Blüten:	5 Kronblätter, Staubbeutel violett
Blütezeit:	Mai/September
Früchte:	Spaltfrucht

Frucht mit Schnabel

Der Stinkende Storchschnabel wächst im Schatten, sogar in Höhleneingängen, kann aber auch Licht aushalten. Die Pflanze enthält ätherische Öle, die einen sehr unangenehmen Geruch verbreiten. Die Spaltfrucht erinnert an den Schnabel eines Storchs. Trocknet sie, lösen sich ihre fünf Klappen. Der Samen wird dabei bis zu 6 Meter weit weggeschleudert.

Ruprechtskraut

Der Stinkende Storchschnabel wird auch Gottesgnadenkraut, Wanzenkraut oder Ruprechtskraut genannt, nach dem heiligen Ruprecht, dem ersten Bischof von Salzburg, der im 7. Jahrhundert über die Heilwirkung der Pflanze bei verschiedenen Krankheiten berichtete. Insekten, darunter auch Schmetterlinge wie z. B. der Aurorafalter, nutzen die Blüten als Nektarquelle.

Die paarweise stehenden, kleinen Blüten bestehen aus 5 rosafarbenen Kron- und 5 Kelchblättern.

Fundort ....   Datum ....

Kuckuckslichtnelke

(Silene flos-cuculi)

Wo:	Wiesen, Moore, Sümpfe, an Gräben
Höhe:	30–90 cm
Blatt:	spatelförmig bis lanzettlich
Blüten:	mit 5 Kronblättern, bilden eine Trugdolde
Blütezeit:	Mai/Juli
Früchte:	Kapselfrucht

Langer Rüssel erforderlich

Die fünf rosaroten Kronblätter sind 15 bis 25 mm lang und vierfach tief geschlitzt. Die fünf Kelchblätter sind zu einer unbehaarten Kelchröhre verwachsen. Da der Kelch sehr tief ist, können nur Insekten mit einem langen Rüssel, wie z. B. Schmetterlinge oder Libellen, die Pflanze bestäuben.

Kuckucksspeichel

Die Kuckuckslichtnelke wächst in Flächen, die im Lauf des Jahres wechselnd nass und dann wieder trocken sind. Sie blüht in der Zeit, in der der Kuckuck ruft. Oft weisen die Stängel Schaumnester von Zikaden auf, die wie Spucke (»Kuckucksspeichel«) aussehen. In jedem Schaumnest wächst eine Larve heran.

Der Stängel unter
den Knoten ist klebrig.

Fundort ....   Datum ....

Duftveilchen

(*Viola odorata*)

Wo:	in Gärten, Parks, an Waldrändern, Hecken
Höhe:	5-15 cm
Blatt:	herz- bis nierenförmig, gekerbt
Blüten:	wohlriechend, blauviolett, 2-3 cm
Blütezeit:	März/April
Früchte:	Kapselfrucht

Veilchensamen

Das Duftveilchen stammt ursprünglich aus dem Mittelmeerraum und dem Iran. Heute wächst es bei uns in ganz Mitteleuropa. Seine Samen werden vor allem von Ameisen verbreitet. Diese tragen die Veilchensamen in ihren Bau und verfüttern die nahrhaften Teile davon an ihre Larven. Der eigentliche Samen bleibt übrig. Aus ihm keimt eine neue Veilchenpflanze. Auch Nacktschnecken verbreiten Veilchensamen. Sie fressen sie und scheiden sie unverdaut mit dem Kot wieder aus.

Erstes Veilchen

Nach einer griechischen Sage war das erste Veilchen eine Tochter des Gottes Atlas, des Titanen, der den Himmel trägt. Helios, der Sonnengott, hatte sich in das Mädchen verliebt und versuchte es mit seinen Sonnenstrahlen zu treffen. Das Mädchen floh und bat den Göttervater Zeus um Hilfe. Dieser verwandelte es in ein Veilchen.

Frühjahrs-Parfüm

Die Blüten verströmen einen wohlriechenden Duft. Das ätherische Öl nutzt man zur Parfümherstellung. Duftveilchen werden auch als Heilkräuter eingesetzt, so kann Veilchentee gegen Husten helfen.

Die beiden seitlichen Blütenblätter weisen immer nach unten.

Fundort ....

Datum ....

Wiesensalbei

(Salvia pratensis)

Wo:	trockene, magere Wiesen, sonnige Wegränder
Höhe:	30–60 cm
Blatt:	breit lanzettförmig, gekerbt, runzelig
Blüten:	Lippenblüte aus Ober- und Unterlippe, in Trauben stehend
Blütezeit:	Mai/August
Früchte:	Spaltfrucht

Früher eine Heilpflanze

Der lateinische Gattungsname »Salvia« leitet sich ab vom lateinischen Wort »salvare« = heilen. Als Heilpflanze wird der Wiesensalbei heute aber nur selten eingesetzt. Der Gartensalbei (*Salvia officinalis*), der z. B. als Gurgellösung bei Rachenentzündungen oder als Salbeitee bei Erkältung eingesetzt wird, gilt als wirksamer.

Bestäubung

Die dunkelviolett-blauen Blüten werden von verschiedenen Insekten angeflogen. Bestäubt werden sie hauptsächlich von Hummeln. Steckt eine Hummel ihren Rüssel in die Blüte, wird eine Art Hebelmechanismus ausgelöst: Die Staubbeutel neigen sich so, dass sie den Rücken der Hummel berühren, der Blütenstaub bleibt an ihrem Pelzchen hängen und kann nun zur nächsten Blüte getragen werden.

Die Blüten stehen kurz gestielt in 6–12 Teilblütenständen (Scheinquirlen), die jeweils 4–8 Einzelblüten umfassen.

Fundort .... Datum ....

Hirtentäschelkraut

(Capsella bursa-pastoris)

Wo:	Brachen, Äcker, Gärten
Höhe:	10-50 m
Blatt:	schmal, länglich
Blüten:	Blütchen in einer Traube
Blütezeit:	März/Oktober
Früchte:	herzförmige Schötchen

Klebrige Samen

Die Früchte (Schötchen) erinnern in ihrer Form an die Taschen von Hirten. Sie bestehen aus zwei Fächern mit jeweils bis zu zwölf Samen. Eine Pflanze entwickelt auf diese Weise jährlich bis zu 64 000 klebrige Samen! Diese werden durch den Wind oder mithilfe von Regentropfen verbreitet. Über Körner fressende Kleinvögel oder als Klebhafter an Reifen, Schuhen und Hufen werden sie auch über weite Strecken fortgetragen.

Blüht immer!

Die weißen Blütenkronblätter sind 2–3 mm lang. Meist bestäuben sie sich selbst, die Bestäubung durch Schwebfliegen und kleine Bienenarten ist seltener. Da die Pflanze keine feste Blütezeit hat, gibt es sie fast das ganze Jahr über blühend zu finden.

Aus den Blüten werden später gestielte herzförmige bis dreieckige Früchte (Schötchen).

Fundort .... Datum ....

Hunds-Rose

(Rosa canina)

Wo:	Wald-, Straßen- und Wegränder, Gebüsche, Gärten
Höhe:	2-3 m
Blatt:	unpaarig gefiedert mit fünf oder sieben Fiederblättchen
Blüten:	fünfzählig mit doppelter Blütenhülle, ohne Duft
Blütezeit:	Juni
Früchte:	Sammel-Nussfrüchte (Hagebutten)
Fruchtreife:	Oktober/November

Die nektarlosen Blüten bestehen aus fünf hellrosafarbenen Kronblättern. Die fünf kahlen Kelchblätter fallen frühzeitig ab und sind bei der Fruchtreife nicht mehr vorhanden.

Juckpulver

Die Hagebutte ist eine Scheinfrucht, die viele kleine Nüsse enthält. Diese tragen feine Härchen, die wie Juckpulver auf der Haut jucken. Bei vielen Vogelarten, aber auch bei Säugetieren sind Hagebutten als Winternahrung sehr beliebt. Wir Menschen kochen daraus leckere Marmelade. Die Kerne müssen allerdings vorher entfernt werden!

Stachelig

Der Stamm, die Äste und Zweige des Rosenstrauches sind mit sichelförmigen Stacheln besetzt. Sie schützen vor Tierfraß und helfen der Pflanze, sich an Mauern etc. festzuhalten.

Die einzelnen Fiederblättchen sind elliptisch bis eiförmig mit kurzer Spitze.

Fundort ....   Datum ....

Wilde Möhre

(Daucus carota)

Wo:	Brachen, Trümmerhalden, trockenwarme Wiesen, Weiden
Höhe:	20–120 cm
Blatt:	zwei- bis vierfach gefiedert
Blüten:	viele Blütchen in einer Doppeldolde
Blütezeit:	Mai/September
Früchte:	Doppelachäne (Klettfrucht)

Die Wilde Möhre ist Raupenfutterpflanze des Schwalbenschwanzes.

Mohrenblüte

Vor und nach der Blüte rollt sich die Dolde wie ein Vogelnest zusammen, voll aufgeblüht ist sie flach gewölbt. In ihrer Mitte befindet sich oft eine dunkellila bis schwarz gefärbte »Mohrenblüte«. Sie täuscht ein Insekt vor und soll den vorbeifliegenden Insekten signalisieren, dass auch sie hier Nahrung finden.

Wurzelgemüse

Die Wilde Möhre ist ein Vorfahre unserer Speisemöhre (Karotte). Ihre Wurzel hat eine ähnliche Form wie unser Wurzelgemüse, ist aber viel kleiner und nicht orange, sondern weiß gefärbt. Sie schmeckt aber nicht gerade gut.

Die grünen Blätter
sind zwei- bis vierfach
gefiedert.

Fundort .... Datum ....

Weißklee

(Trifolium repens)

Wo:	Wiesen, Weiden, Wegränder
Höhe:	5-20 cm
Blatt:	breit elliptisch, dreizählig gefingert
Blüten:	köpfchenförmig, 40-80 Einzelblütchen
Blütezeit:	Mai/Oktober
Früchte:	Hülsenfrucht

Die leicht nach Nektar duftenden Blüten werden von Bienen, Hummeln, Schmetterlingen und anderen Insekten besucht.

Kaninchenfutter

Weißklee wächst am Boden eng anliegend und eignet sich daher nicht als Futterpflanze zum Abmähen. Auf Weiden wird die Pflanze jedoch z. B. von Pferden und Schafen gern gefressen. Kleeblätter sind auch eine der Lieblingsspeisen von Kaninchen.

Glücksbringer

Kleeblätter sind am Rand fein gezähnt. Ein vierblättriges Kleeblatt ist selten, es gilt als Glücksbringer. Das dreiblättrige Kleeblatt gilt in Irland als Nationalsymbol.

Die Einzelblüten des köpfchenförmigen Blütenstands sind gestielt.

Fundort ....

Datum ....

Echte Zaunwinde

(Calystegia sepium) ☠

Wo:	Hecken, Zäune, Wegränder, Gebüsche
Höhe:	150-500 cm
Blatt:	herz-, pfeilförmig oder dreieckig
Blüten:	trichterförmig, fünfzählig
Blütezeit:	Mai/September
Früchte:	Kapselfrucht

Kriechender Pionier

Die beweglichen Triebe der Zaunwinde führen kreisförmige Suchbewegungen durch und winden sich links herum um Zäune, Bäume oder Pflanzenstängel. Die kriechenden unterirdischen, bis zu 70 cm tiefen Wurzeln lassen sich im Garten nur schwer entfernen. Alle Pflanzenteile sind leicht giftig und verursachen Durchfälle. Aus diesem Grund wurde die Pflanze früher als Abführmittel eingesetzt.

Windenschwärmer

Die Zaunwinde ist eine wichtige Futterpflanze für die Raupen des Windenschwärmers. Die nachtaktiven Falter ruhen sich tagsüber mit dachartig über dem Hinterleib zusammengefalteten Flügeln meist an Baumstämmen aus. Dabei ahmen sie mit der Färbung ihrer Vorderflügel die Oberfläche der Rinde nach. Nachts fliegen sie vor allem weiße Blüten an. Mit dem 90 mm langen Saugrüssel erreichen Windenschwärmer den Nektar auch in den tiefen, trichterförmigen Blüten der Zaunwinde.

Die geruchlosen, 6 cm langen Blüten sind auch nachts geöffnet, nur bei trübem Wetter geschlossen.

Fundort ....

Datum ....

Drüsiges Springkraut

(Impatiens glandulifera) ☠

Wo:	Auwälder, an Ufern
Höhe:	bis 220 cm
Blatt:	eilanzettlich, gezähnt
Blüten:	fünf Kronblätter, traubiger Blütenstand
Blütezeit:	Juni/Oktober
Früchte:	Kapselfrucht

Die Kapselfrüchte werden 14 bis 18 mm (selten bis 50 mm) lang.

Zierpflanze

Das Drüsige Springkraut stammt ursprünglich aus dem Himalaya und wurde im 19. Jahrhundert als Zier- bzw. Bienenfutterpflanze nach Europa eingeführt. Inzwischen hat sich die Art stark ausgebreitet und vielerorts heimische Arten verdrängt. Alle Pflanzenteile sind leicht giftig.

Das springende Kraut

Wenn du auf die reifen Kapselfrüchte drückst, rollen sich die elastischen Kapselseiten wie kleine Schlangen zurück und die 3 mm großen Samen werden bis zu sieben Meter weit herausgeschleudert. Dieser Schleudermechanismus kann bereits durch kleinste Erschütterungen oder Regentropfen ausgelöst werden.

Blattstiel und Blätter riechen unangenehm. Die 3-4 cm langen Blüten duften süßlich.

Fundort .... Datum ....

Gemeine Wegwarte

(*Cichorium intybus*)

Wo:	Weiden, Äcker, Wegränder
Höhe:	30-140 cm
Blatt:	länglich lanzettlich, fiederspaltig
Blüten:	Köpfchen aus Zungenblüten
Blütezeit:	Juni/Oktober
Früchte:	Achäne

Chicorée und Ersatzkaffee

Als Chicorée bezeichnet man die Sprossen der Wegwarte. Beim Anbau werden die rübenartigen Pfahlwurzeln eingegraben und abgedeckt. Im Winter treiben dann 15 bis 20 cm lange spindelförmige Knospen aus. Werden sie vor Licht geschützt, bleiben sie bleich und zart. Sie schmecken als Gemüse oder Salat. Aus den klein geschnittenen, getrockneten, gerösteten und gemahlenen Wurzeln stellt man seit Mitte des 18. Jahrhunderts Ersatzkaffee her.

Liebeszauber

Der Gemeinen Wegwarte, auch Zichorie genannt, wurden früher Zauberkräfte in Liebesdingen nachgesagt. Wer eine Wurzel am Jakobitag (25. Juli) mit einem Hirschgeweih oder einem Goldstück ausgräbt, erfährt Glück in der Liebe und wird bärenstark. Nach einer alten Sage sollen die Blüten die blauen Augen eines verwandelten Burgfräuleins sein, das am Wege auf die Rückkehr seines Geliebten vom Kreuzzug in das Heilige Land wartet.

Die oberen Stängel-
blätter sind stiellos,
länglich lanzettlich,
der Blattgrund geöhrt.

Fundort .... Datum ....

Raps

(Brassica napus)

Wo:	Felder
Höhe:	30-150 cm
Blatt:	eiförmig bis lanzettlich, fiederteilig gelappt
Blüten:	20-60 Blütchen bilden eine Traube
Blütezeit:	April/Mai (Winterraps)
Früchte:	Schote

Wie bei allen Kreuzblütlerarten bilden auch beim Raps vier Kronblätter ein Kreuz.

Ölhaltige Samen

Ursprünglich stammt der Raps aus dem östlichen Mittelmeerraum. Die sich längs öffnenden Schoten enthalten ölhaltige Samen, die früher zur Gewinnung von Speise- und Lampenöl genutzt wurden. Auch heute noch wird die Pflanze großflächig auf Feldern angebaut, um daraus Rapsöl zu gewinnen. Es eignet sich zur Herstellung von Margarine.

Ostpreußische Ananas

Steckrüben sind die Wurzelknollen einer Unterart des Rapses. Ursprünglich wurden sie als Schweinefutter angebaut. In Notzeiten nutzte man sie als Ersatz für Kartoffeln und für verschiedene Gerichte wie Eintöpfe oder Suppen. Die »Ostpreußische Ananas« wurde aber auch als Grundlage für Steckrüben-Marmelade, -Kuchen oder -Kaffee verwendet. Heute werden Steckrüben als Gemüse gerade wieder neu entdeckt.

Die oberen Blätter sind ungestielt, lanzettlich oder eiförmig mit ohrförmiger Basis, der Blattrand ist glatt oder gewellt.

Fundort .... Datum ....

Glossar

Aufbau der Blüte

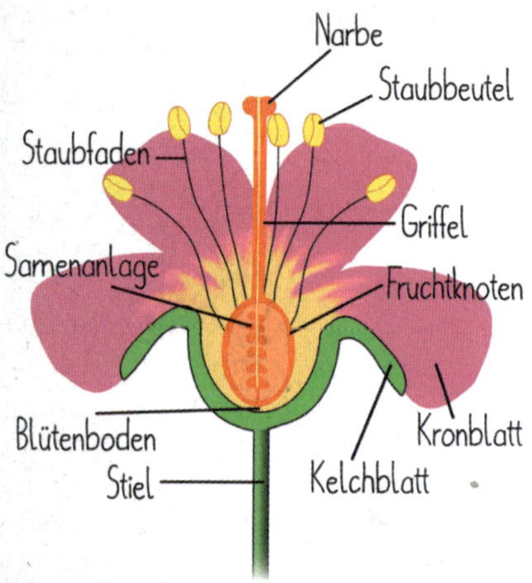

Der Baum

1. Blätter
2. Äste
3. Stamm
4. Borke
5. Wurzeln

Blattformen

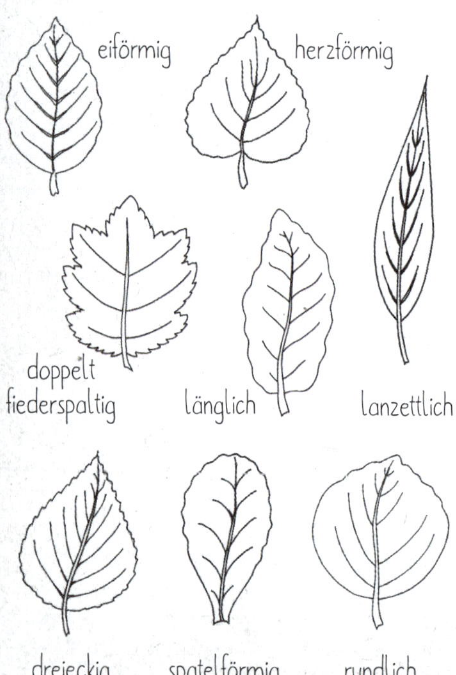

Zusammengesetzte Blätter

Blattrand

Blütenstände

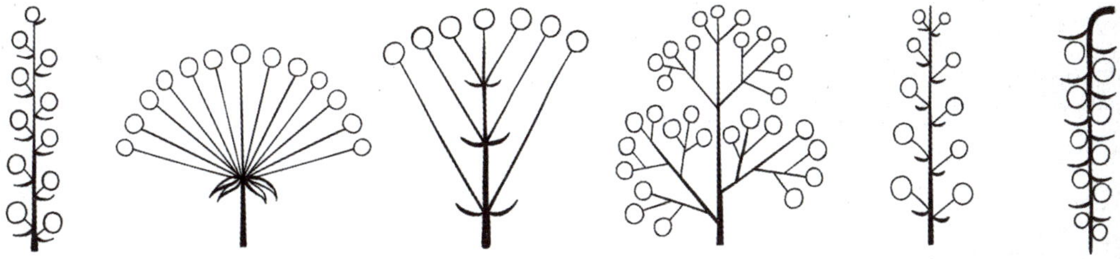

Ährchen: Blütenstand in ährenartiger Anordnung, Blüten sitzen hinter Deckblättern, den Spelzen.

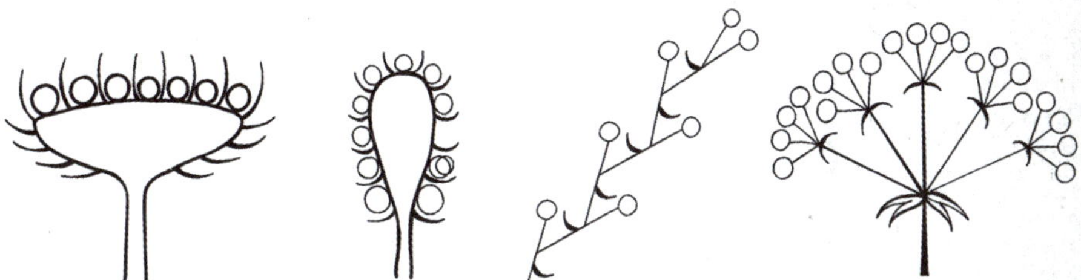

Fruchttypen

Achäne:
einsamige Frucht

Doppelachäne:
zerfällt bei Fruchtreife in zwei einsamige Teilfrüchte (Achänen)

Hülsen- und Balgfrucht:
Frucht aus einem Fruchtblatt

Kapselfrucht:
kapselförmige Frucht; Fruchtknoten aus zwei oder mehreren Fruchtblättern

Karyopse:
einsamige Frucht der Gräser

Klausenfrucht:
Form der Schotenfrucht

Klettfrucht:
Frucht mit Stacheln oder Haaren

Nüsschen:
kleine Nussfrüchte; bilden sich oft zu mehreren pro Blüte

Nussfrucht:
nicht zerfallende, trockenhäutige Frucht; meist nur ein Samen

Sammelfrucht:
Früchte mit mehreren freien Fruchtblättern bilden jeweils eine eigenständige Einzelfrucht

Sammel-Nussfrüchte:
Scheinfrüchte von Nüsschen (wie z. B. Erdbeere, grünliche Nüsschen außen auf rotem Blütenboden)

Schötchen:
Bezeichnung für die Schotenfrucht, die maximal nur 3-mal länger als breit ist.

Schotenfrucht:
Frucht mit Fruchtknoten aus zwei oder vier verwachsenen Fruchtblättern

Spaltfrucht:
zerfällt bei Reife in Teilfrüchte

Name:

Fundort .... Datum ....

Name:

Fundort ....

Datum ....

Name:

Fundort ....

Datum ....

Name:

Fundort ....

Datum ....

Kennst du die schon?

ISBN 978-3-8458-5657-5

ISBN 978-3-8458-5658-2

ISBN 978-3-8458-5659-9

ISBN 978-3-8458-5660-5

Du möchtest noch mehr von uns kennenlernen?

Bildnachweis

© Dpa Picture-Alliance GmbH: Picture-Alliance/Klett GmbH | Aribert Jung; picture alliance / blickwinkel/F. Hecker | F. Hecker; picture alliance / WILDLIFE | WILDLIFE/D.Harms

© Getty Images: ArgenLant; in8finity; lucky-photographer; oorka; pavrich; PinkPueblo; typo-graphics; voltan1; xrender

© stock.adobe.com: AGfoto samael334; Aleksandra; Alexey Pavluts; Alois; Andrea Wilhelm; andrey7777777; annapimages; An-T; Aquiya; Arne Jørgen Enggrav/Wirestock Creators; artmim; azure; Bablo; Björn Alberts; Björn Wylezich; Blickfang; borispain69; Bozena Fulawka; Brilt; butterfly-photos.org; by-studio; Carola Vahldiek; catthesun; chas53; ChriSes; Christian Pedant; Comugnero Silvana; Cora Müller; dabjola; Dario Lo Presti ; Dmitriy Syechin; eelnosiva; Eric Isselée; fadzeyeva; farbkombinat; fotomaster; FrankW; gabriffaldi; Gerisch; Gordana Sermek; hakoar; Harald Biebel; Heike Rau; Henrik Larsson; hhelene; Ingairis; Ingo Bartussek; isoarska; JAG IMAGES; Joachim; JOE LORENZ DESIGN; Juergen Landshoeft ; Jutta Adam; Kara; Katerina Zvereva; kazakovmaksim; kochievmv; koromelena; Lutz Peter; M. Schuppich; maggiw; manuel; marilook; marimarkina; Marina Lohrbach; Markus; Martina Berg; Matthew; mbruxelle; Michael Rogner; Michael Tieck; mirpic; M.studio; multik79; nelik; ok-foto; Olivier Le Moal; ondrej83; orestligetka; oxie99; PeJo; petrabarz; petrsalinger; philipbird123; photocall; Picture Partners; Rainer Fuhrmann; randimal; Rebe; richpav; rootstocks; Ruckszio; Ruud Morijn; Sandra Standbridge; Sasha Strekoza; S.H.exclusiv; schankz; Schlierner; Scisetti Alfio; SERGIOS; shihina; shishiga; Sinuswelle; strawfoot; sunnychicka; svrid79; teine; tompet80; tr3gi; uckyo; unpict; Vala images; Valery Prokhozhy; Vidady; Vitalii Hulai; Volodymyr; voltan; vvoe; Wolfilser

Es wurde jede Anstrengung unternommen, die Bildnachweise korrekt zu erstellen und die Copyright-Inhaber aller Bilder zu ermitteln. Der Verlag entschuldigt sich für alle unvollständigen Angaben und wird gegebenenfalls Korrekturen in zukünftigen Ausgaben vornehmen.

Text: Anna Linstadt
ISBN 978-3-8458-5661-2

www.arsedition.de

MIX
Papier | Fördert gute Waldnutzung
FSC™ C007683